Zé Vicente
poeta popular paraense

Biblioteca de Cordel

Zé Vicente
poeta popular paraense

Introdução
Vicente Salles

hedra

São Paulo, 2010

Copyright© desta edição, Hedra 2000

Capa
Julio Dui

Projeto gráfico e editoração *Hedra*
Preparação de texto
Iuri Pereira

Revisão
Artesã das palavras

Ilustrações das orelhas e quarta-capa
José Lourenço

Dados Internacionais de Catalogação na Publicação (CIP)
(Câmara Brasileira do Livro, SP, Brasil)

Vicente, Zé, 1898–1973.
introdução de — São Paulo: Hedra, 2000. — (Biblioteca de Cordel)

Bibliografia.
ISBN 85-87328-11-5
1. Vicente, Zé, 1898–1973 2. Literatura de cordel–Brasil 3. Literatura de cordel–Brasil–História e crítica I. Salles, Vicente. II. Título. III. Série

00-0126   CDD-398.20981

Índices para catálogo sistemático:
1. Brasil: Cordelistas: Biografia e obra: Literatura folclórica 398.20981
2. Brasil: Literatura de cordel: História e crítica: Folclore 398.20981

[2010]
Direitos reservados em língua portuguesa
EDITORA HEDRA
R. Fradique Coutinho, 1139, subsolo
CEP 05416-011, São Paulo-SP, Brasil
+55-11-3097-8304
www.hedra.com.br
Foi feito depósito legal.

BIBLIOTECA DE CORDEL

A literatura popular em verso passou por diversas fases de incompreensão e vicissitudes no passado. Ao contrário de outros países, como o México e a Argentina, onde esse tipo de produção literária é normalmente aceita e incluída nos estudos oficiais de literatura — por isso poemas como "La cucaracha" são cantados no mundo inteiro e o herói do cordel argentino, Martín Fierro, se tornou símbolo da nacionalidade platina —, as vertentes brasileiras passaram por um longo período de desconhecimento e desprezo, devido a problemas históricos locais, como a introdução tardia da imprensa no Brasil (o último país das Américas a dispor de uma imprensa), e a excessiva imitação de modelos estrangeiros pela intelectualidade.

Apesar da maciça bibliografia crítica e da vasta produção de folhetos (mais de 30 mil folhetos de 2 mil autores classificados), a literatura de cordel — cujo início remonta ao fim do século XIX — continua ainda em boa parte desconhecida do grande público, principalmente por causa da distribuição efêmera dos folhetos. E é por isso que a Editora Hedra se propôs a selecionar cinqüenta estudiosos do Brasil e do exterior que, por sua vez, escolheram cinqüenta poetas populares de destaque e prepararam um estudo introdutório para cada um, seguido por uma antologia dos poemas mais representativos.

Embora a imensa maioria dos autores seja de origem nordestina, não serão esquecidos outros pólos produtores de poesia popular, como a região sul-riograndense e a antiga capitania de São Vicente, que hoje abrange o interior de São Paulo, Norte do Paraná, Mato Grosso, Mato Grosso do Sul, parte de Minas Gerais e Goiás. Em todos esses lugares há poetas populares que continuam a divulgar os valores de seu povo. E isso sem nos esquecermos do Novo Cordel, aquele feito pelos migrantes nordestinos que se radicaram nas grandes cidades como Rio de Janeiro e São Paulo. Tudo isso resultará em um vasto panorama que nos permitirá avaliar a grandeza da contribuição poética popular.

Acreditamos, assim, colaborar para tornar melhor conhecidos, no Brasil e afora, alguns dos mais relevantes e autênticos representantes da cultura brasileira.

> Dr. Joseph M. Luyten (1941–2006)
>
> Doutor pela USP em Ciências da Comunicação, Joseph Luyten foi um dos principais pesquisadores e estudiosos da literatura de cordel na segunda metade do século XX. Lecionou em diversas universidades, dentre as quais a Universidade de São Paulo, a Universidade de Tsukuba (Japão) e a Universidade de Poitiers (França), onde participou da idealização do Centro Raymond Cantel de Literatura Popular Brasileira. Autor de diversos livros e dezenas de artigos sobre literatura de cordel, reuniu uma coleção de mais de 15 mil folhetos e catalogou cerca de 5 mil itens bibliográficos sobre o assunto.
>
> Joseph Luyten idealizou a Coleção Biblioteca de Cordel e a coordenou entre os anos de 2000 e 2006, período em que publicamos 22 volumes. Os editores consignam aqui publicamente sua gratidão.

SUMÁRIO

Introdução, por Vicente Salles   9

A greve dos bichos   23

O Brasil rompeu com "eles"   41

O azar, a cruz e o diabo
    Divertida história do homem mais azarado do mundo   57

Peleja de Chico Raimundo e Zé Mulato   67

Combate e morte de "Lampião"   85

O golpe do seu Gegê ou O choro dos deputados   101

Peleja de Armando Sales e Zé Américo   117

INTRODUÇÃO

A editora Guajarina foi o maior fenômeno editorial do Pará e seguramente um dos maiores do Brasil, no campo da literatura de cordel. Foi fundada por iniciativa do pernambucano Francisco Rodrigues Lopes1.

Em torno da editora de Francisco Rodrigues Lopes — instalada em Belém em 1914 — surgiu a primeira geração de cordelistas paraenses. Não é possível recensear todos os nomes, nem todos os títulos de folhetos publicados por essa casa. Mas é possível demonstrar que os poetas paraenses assimilaram o modelo da literatura popular nordestina e que alguns deles alcançaram indiscutível prestígio entre os consumidores dessa literatura. Ernani Vieira, Romeu Mariz, Apolinário de Souza, José Esteves e Lindolfo Marques de Mesquita estão nesse caso.

É curioso constatar que os mais fecundos e inspirados poetas locais, abundantemente editados pela Guajarina, ocultaram-se sob pseudônimos, ao contrário do poeta nordestino, que — com raras exceções — assume nominalmente a autoria de seus folhetos. Ernani Vieira foi Ernesto Vera, às vezes precedido de um "dr.", que lhe dava maior distinção. Romeu Mariz, também "dr.": dr. Mangerona-Assu. José Esteves foi Arinos de Belém e Lindolfo Marques de Mesquita foi Zé Vicente, cordelista e cronista, com farta colaboração na imprensa de Belém. Apenas Apolinário de Souza manteve sua identidade no cordel.

Lindolfo Marques de Mesquita, ou Zé Vicente, foi o mais afortunado dos cinco poetas da primeira geração de cordelistas. Fez carreira administrativa e política. Prefeito municipal da

Vigia (1933), diretor do Deip (1943), diretor da Biblioteca e Arquivo Público (1944), deputado estadual (1947/50), juiz do Tribunal de Contas, que presidiu em dois mandatos (1957/58 e 1967). Alçado nessas elevadas posições, repudiou a literatura de cordel. Mas, em tempos difíceis, o folheto chegou a sustentá-lo. É o que declara na 35a sextilha do folheto autobiográfico Agora sou revolucionário, que narra sua transformação política em face dos acontecimentos de 1930. Então, confessou:

> Mas eu ainda continuo
> À minha lira apegado,
> Porque foi Deus quem ma deu
> Para eu viver sossegado,
> Pois desta lira dengosa
> Já me tenho sustentado.

Paraense, nascido em Belém em 11 de janeiro de 1898, era filho de cearenses e foi casado com paraibana. Morreu na mesma cidade, em 17 de novembro de 1975.

Durante longo tempo, quando jovem, fez jornalismo. Repórter da Folha do Norte, aí criou a coluna com crônicas humorísticas "Na polícia e nas ruas", que assinava com o pseudônimo que o consagrou. Passou depois para a redação de O Estado do Pará, onde continuou o mesmo cronista-humorista.

Entre os dois empregos, deu-se a revolução de 1930. Embora vinculado a um jornal que se colocava, muito polêmico, à frente de campanhas políticas, Lindolfo Mesquita era funcionário público e, naquela ocasião, perdeu o emprego e sofreu as conseqüências de sua identificação com o regime deposto. Em seu folheto autobiográfico narrou sua situação em 1930:

Eu já quase não sabia
Se ainda era brasileiro,
Pois até os meus patrícios
Me expulsaram do terreiro
E eu vivia, minha gente,
Na minha terra — estrangeiro.

— Você não presta, safado,
Você vai pra Arumanduba —
Disse-me um dia um sujeito,
Fazendo logo uma "truba",
Como se eu tivesse sido
Algum moleque cotuba.

Eu vendo a coisa difícil
Fui ao Lloyd brasileiro
E comprei uma passagem
Para o Rio de Janeiro
Onde em novembro cheguei
Com muito pouco dinheiro.

Lá no Rio de Janeiro
Muita coisa me encantou,
Mas, também, comi o pão
Que Satanás enjeitou
Pois o dinheiro que tinha
Em pouco tempo acabou.

Bom, o tempo também encarregou-se de ajustar as coisas e de acalmar os ânimos:

Quando vi que já podia
Ter garantido o espinhaço,

Arrumei minha trouxinha
E pus debaixo do braço,
Vim chegando encabulado
E sem muito estardalhaço.

E agora, no Pará, o poeta que servira ao governo deposto com tanto ânimo a ponto de procurar o exílio, deveria servir aos novos donos do poder. Ligou-se à facção local chefiada por Joaquim Cardoso de Magalhães Barata, tenente, agora major, o todo-poderoso governador da revolução. Opera-se, nele, grande transformação — agora é revoltoso:

E quem quiser que se dane
Neste Pará perigoso
Mas autorizo também,
Satisfeito e bem dengoso
"Pode dizer, minha gente,
— Zé Vicente é revoltoso!

Zé Vicente versejava bem, trabalhava com bom estilo, mas o folheto não deixa de demonstrar vassalagem a uma nova ordem que acenava, para o povo, transformações sociais profundas. O poeta rendia então homenagem aos ricos e aos poderosos:

Foi boa a Revolução,
Foi da "pontinha", "daqui"
Porque veio reabilitar
A região do Jari
Que eu sei ser muito bonita
Por um escrito que li.

Esse Jari, de singular história, já naquela época tinha no sertanejo cearense José Júlio de Andrade o anfitrião hospitaleiro de eminentes autoridades:

O próprio major Barata
Numa excursão feita ali
Mostrando não ter paixão
Elogiou o Jari
Que eu sei agora que é bom
Entretanto nunca vi.

Humorista, Zé Vicente festejava assim sua adesão à revolução que o expulsara do Pará. Satisfeito e bem dengoso, tornou-se, de fato, revoltoso.

O folheto autobiográfico, editado pela Guajarina, data de fevereiro de 1932. Mostra portanto a rapidez da transformação. Até então Zé Vicente tinha produzido pouco. O primeiro folheto, publicado pela Guajarina, sem data, parece ser o duplo O azar, a cruz e o diabo (história completa), composto de 38 sextilhas, seguido de O Pixininga, com 22 sextilhas. O cronista-humorista já se revelava também humorista-poeta. O primeiro poema é quase um divertimento; o segundo narra a história de um novilho, o "Pixininga", bicho soberbo e temível. Em edição posterior, os dois poemas aparecem bastante modificados.

Não localizei outros folhetos de Zé Vicente de sua fase anterior a 1930. Em seu "exílio" no Rio Janeiro, em 1931, escreveu A santa de Coqueiros, datado de maio daquele ano, mas editado pela Guajarina em 1932, tão logo regressou. Narra um caso de misticismo acontecido em Coqueiros, proximidade de Belo Horizonte.

Guajarina editou ainda nesse ano os folhetos O rapto misterioso do filho de Lindbergh, datado de 28 de maio de 1932 e A batalha naval de Itacoatiara.

O poeta voltava assim com toda a força. Logo passaria a publicar folhetos com assuntos políticos e sociais de grande repercussão, histórias de bichos e de valentões: A guerra da Itália com a Abissínia, outubro de 1935; Peleja de Chico Raimundo com Zé Mulato, agosto de 1937; O golpe do seu Gegê ou o choro dos deputados, novembro de 1937; Peleja de Armando Sales e Zé Américo, (possuo a 3a edição, sem data); Combate e morte de Lampião, 10 de dezembro de 1938 (compulsei exemplar da 4ª edição) e outros. Da mesma época, todos produzidos na década de 1930, são os notáveis folhetos do gênero picaresco, A neta do Cancão de Fogo, 20 de janeiro de 1938 e histórias de bichos, O macaco revoltoso, 5 de março de 1938 e A greve dos bichos, um clássico, sem data. A partir de 1940 produziu nada menos de sete folhetos sobre a II Guerra Mundial: A Alemanha contra a Inglaterra, 1940; O afundamento do vapor alemão "Graff Spee", 1940; Alemanha comendo fogo, sem data; O Japão vai se estrepar!, 20 de dezembro de 1941; A batalha da Alemanha contra a Rússia, 25 de julho de 1941; O Brasil rompeu com eles, 20 de junho de 1943 e O fim da guerra, sem data2.

A década de 1930 mostra o engajamento de Zé Vicente no ciclo das revoluções, desdobramento dos acontecimentos da década anterior. Os poetas nos dão enfoques muito precisos dos fatos que se desenrolaram no mundo, no país e na região, alargando, por vezes, as perspectivas dos historiadores oficiais. Diante dos acontecimentos, os poetas não se mantiveram eqüidistantes. Esse elemento de "participação" é importante até mesmo quando se esconde sob pseudônimos, ou simplesmente quando entrega ao público seus folhetos anônimos, refletindo, em qualquer caso, a forma de participação conseqüente como catalisador — e decerto também formador — da opinião pública. A editora Guajarina deu enorme contribuição, e o destaque do "ciclo das revoluções" justificou a elaboração de um capítulo especial dedicado à análise desses folhetos em meu ensaio Repente & cordel. Zé Vicente deu a primeira mostra de sua participação no folheto autobiográfico Agora sou revoltoso, em que narrou sua adesão à revolução de 1930. Pouco depois entrava em cena no Pará a Aliança Liberal, possibilitando — como em toda parte — o amplo debate de idéias. O levante de São Paulo, em 1932, também ficou documentado em vários folhetos publicados pela Guajarina. Mas o ciclo revolucionário não teria muita oportunidade de se desenvolver depois de 1935, e praticamente se exaure em 1937, sob o tacão do Estado Novo. Precisamente nesse ano, Zé Vicente produz a obra-prima da ditadura getulista, O golpe do seu Gegê ou O choro dos deputados, edição da Guajarina, composta de 62 sextilhas muito divertidas, um verdadeiro basta nas licenciosidades democráticas. Nos dias atuais, o folheto suscita interpretações equívocas, pelo tom humorístico com que os acontecimentos foram tratados. Na verdade, o poeta era partidário da ditadura, e seu humor não era indistinto: divertia-se com a desgraça alheia.

O folheto Peleja de Armando Sales e Zé Americo é outra deliciosa sátira política da era estadonovista que escapou à citação de Oríqenes Lessa em seu ensaio Getúlio Vargas na literatura de cordel. A peleja gira em torno da sucessão de Getúlio Vargas e, segundo o poeta, aconteceu no próprio palácio do Catete:

> O presidente Getúlio
> Fez um samba no Catete
> E apareceu sorridente,
> Mão no bolso e de colete,
> Enquanto fora se ouvia
> De vez em quando um foguete.

Muita gente disputava as atenções do presidente e a divertida peleja do paulista com o nordestino era o melhor da festa preparada por Getúlio. Os contendores aprontam-se:

> Zé Américo suspira
> Enchendo o peito de alento,
> Toma, depois... "bagaceira"³
> Para ajudar seu talento
> E se bater com vontade
> Sem sossegar um momento.
>
> Armando Salles, então
> Para dizer que tem fé,
> Faz um cigarro de palha,
> Toma depois um café,
> Demonstrando para todos
> Um paulista como é.

A sátira, como se desenrola, é deliciosa. Zé Américo dobra o contendor na peleja, na verdade uma espécie de "convenção" partidária, mas, chegando Getúlio, desfaz todas as esperanças dos convencionais:

> Nesse pé, toda a assistência
> Fica mesmo tiririca
> Porque chega seu Gegê
> E para os homens explica:
> "Vamos deixar como está
> Para ver como é que fica".

O folheto O macaco revoltoso, com sugestiva capa de desenhista anônimo e composto de 56 sextilhas, é uma verdadeira alegoria política, criada nos tempos da ditadura getulista. Das histórias de bicho é, sem dúvida, uma das mais divertidas, pela vivacidade dos versos e pelo caráter satírico e humorístico. O macaco, no reino da bicharada, aprontou uma grande confusão no Clube das Mariposas e o burro aproveitou-se dessa confusão para

> Revoltar a negrada
> Fazendo um bruto discurso
> Bastante considerado
> Pelo jornalista urso.

A borboleta faz correr o boato. As adesões são imediatas, vindo o jumento fardado de capitão e o boi arrastando pesadíssimo canhão. O papagaio dá um tiro e atinge o tatu-bola. O porco prega o comunismo e o macaco manda fuzilá-lo por isso,

> Dizendo o mesmo fazer
> A quem quisesse imitá-lo.

Daí, instala-se a junta provisória, e esse episódio nos lembra as providências iniciais da revolução de 1930, com o macaco triunfante e fardado de tenente. Alusão ao tenentismo? Talvez. O hino revolucionário inclui um verso do "Hino da independência" de Evaristo da Veiga... Colagem talvez proposital:

> Já raiou a liberdade
> Acabou-se a tirania
> Do governo da cidade
> E viva a democracia,
> Abaixo a barbaridade!

Podemos, sem muito esforço, ver outros corolários da revolução de 1930. E, de resto, a revolução dos bichos termina como certas revoluções:

> Mas no dia imediato
> Da grande revolução
> O Boi que era padeiro
> Meteu o pé pela mão
> E baixou uma tabela
> Subindo o preço do pão.

[...]

> O Tamanduá-bandeira
> Foi pedir colocação
> Mas a junta respondeu
> Que fizesse petição
> E ele nada conseguiu
> Porque não tinha instrução.

Além dessas habituais conseqüências revolucionárias, deram-se muitos banquetes "em palácio", ficando a revolta do macaco para exemplo do bicho-homem:

> Foi assim que o Macaco,
> No mundo velho de guerra,
> Fez a primeira revolta
> Pondo um governo na terra,
> Dando exemplo ao bicho homem
> Que, mesmo assim, ainda erra.

Na mesma linha do precedente coloca-se o clássico folheto A greve dos bichos, também com sugestiva capa de desenhista anônimo[4], composto de 62 sextilhas. É até hoje verdadeiro best-seller, tendo incontáveis edições no Pará e nos estados do Nordeste. Seu lançamento deve-se à editora Guajarina, por volta de 1939. Expandiu-se logo para o Nordeste. Lido e reproduzido, está referenciado no catálogo da Casa de Rui Barbosa sob o nº 616, p. 205.

Umberto Peregrino, já em 1942, chamava a atenção para esse folheto e seu similar O macaco revoltoso. Embora a criação do gênero de histórias de bichos se deva, incontestavelmente, a Leandro Gomes de Barros, Zé Vicente, no Pará, deu-lhe notável dimensão.

Diz Umberto Peregrino:

A propósito de A greve dos bichos vem um meeting em que se vê a massa de animais em figura de gente, enquanto o macaco lhes discursa tendo por tribuna o pescoço da girafa. Quadro irresistível! Tem-se mesmo a impressão de um comício grevista, improvisado, em que o orador sobe numa grade de jardim e pendura-se a um poste. No caso dos bichos havia de ser, por força, o pescoço da girafa...

O macaco revoltoso não ilude ninguém. Está equilibrado num galho de árvore disparando um revólver com cada mão, além de conduzir um fuzil a tiracolo, uma espada na cinta, um punhal na ponta da cauda e uma corneta na boca.

Sem que haja qualquer ligação consciente, vejo muito das malucas e pérfidas imaginações do desenho animado, tanto nas gravuras como nas histórias da editora Guajarina5.

Umberto Peregrino transcreve grande parte do folheto. Dele temos cópia de antiga edição da Guajarina, sem data, e de outras mais recentes, tiradas em Belém por Raimundo Oliveira.

A greve dos bichos não deixa de exprimir a luta de classes, tendo sido convocada contra o jacaré, que

> Era o grande imperador,
> Sua corte era composta
> Só de bichos de valor,
> Como a família Piranha

Onde tudo era doutor.

E já observara Umberto Peregrino que o desenvolvimento dessa revolução da bicharada "copia as coisas dos homens".

Colocado no contexto do Estado Novo, o folheto tem clara "missão política": alegoria à inutilidade das greves no mundo dos bichos, que reflete, como na sociedade brasileira, interesses políticos espúrios, degradação social, corrupção desenfreada. É uma crítica mordaz dos costumes. E serve à ideologia estadonovista implantada com o golpe de 1937 com pruridos moralistas da velha concepção burguesa lusitana de "restauração" dos "bons costumes" e da "dignidade nacional". Aspirações das oligarquias que se revezam no poder, em Portugal como no Brasil, desde os tempos da revolução burguesa, independente do regime político.

Poeta cordelista emérito, jornalista vocacionado, Zé Vicente comporta-se como ativista político, engajado no "baratismo", expressão política local desvinculada da classe dominante mas que não teve força para romper. Acabou por servir-lhes como principal interlocutora dos interesses do capitalismo externo que a partir da II Guerra Mundial submeteu o mundo à hegemonia capitalista. E que, no Brasil, gerou o neocapitalismo tardio, que se autodefine neoliberal. Herança da era Vargas...

Nesse sentido, o folheto de Zé Vicente, a despeito dele próprio, continua sendo uma crítica mordaz e verdadeira a nossos costumes. Atualíssima.

No gênero picaresco, Zé Vicente criou, com muito humor, um tipo feminino em A neta do Cancão de Fogo (primeira edição impressa em 20 de janeiro de 1938 e a segunda, refundida, em 30 de abril de 1943), descendente daquele famanaz velhaco e valente, formado em "quengologia". Era a Chica Cancão,

Que toda gente dizia

Que era mesmo um pancadão
Mas tinha o corpo fechado,
Não temia nem o cão.

As proezas de Chica Cancão envolvem namoros, o casamento simulado com um velho, que ela envenena para herdar-lhe a fortuna, a sedução de um sacerdote e uma viagem ao Maranhão, como clandestina, sempre seduzindo e enganando todo o mundo. O folheto não termina, ou não dá solução às trapalhadas da neta do Cancão.

Humor à parte, o mundo, não apenas o Brasil, vivia nessa época terríveis experiências. De uma guerra com efeitos revanchistas começavam a brotar conseqüências inquietadoras. Em 1937 o Brasil silencia. O poeta popular também tenta salvar a pele e volta-se para os temas tradicionais. É mais fácil contribuir para a boa imagem de Vargas e dos caudilhos locais do que revelar o que se passava nos porões da ditadura. O lance universal, com os prenúncios de outra hecatombe mundial, predispõe o poeta popular para a criação de um novo ciclo, que documentou a II Guerra Mundial.

A editora Guajarina, no Pará, mostra-se mais uma vez atenta ao que acontecia no mundo. O esperto editor Francisco Rodrigues Lopes, seu proprietário, lançou 12 folhetos que narravam os acontecimentos, assinados por Abdon Pinheiro Câmara, Zé Vicente, Arinos de Belém e Apolinário de Souza.

O poeta paraibano Abdon Pinheiro, residente em Belém, assinou o primeiro, O nascimento do anti-Cristo, inspirando-se nos profetas do apocalipse, como o escritor Múcio Teixeira, que fazia sua pregação na capital federal. Esse anti-Cristo, segundo Múcio Teixeira, nascera na Itália. Seria o fascismo? Ninguém sabe. Mas os horrores do presente são atribuídos ao comunismo.

O anti-Cristo teria nascido na guerra da Alemanha, que durou cinco anos e

> Foi pelo seu nascimento
> Que a mesma guerra espocou.

O folheto data de 3 de março de 1939, pouco antes do início da II Guerra Mundial. Ele se refere, portanto, à primeira, durante a qual ocorreu a revolução soviética (1917), gerando reações em toda a parte e a idéia bastante difundida de que o comunismo corromperia a sociedade, destruindo a família.

Os folhetos restantes são todos assinados por poetas paraenses: Zé Vicente, Arinos de Belém e Apolinário de Souza. Os dois primeiros tratam dos primórdios da guerra: A guerra da Itália com a Abissínia, de Zé Vicente e A batalha do Sarre, de Arinos de Belém. Os três seguintes foram assinados por Zé Vicente: O afundamento do vapor alemão "Graff-Spee", A Alemanha comendo fogo, A Alemanha contra a Inglaterra. Arinos de Belém assinou o sétimo: A guerra da Alemanha e da Polônia. E Zé Vicente mais quatro: A batalha da Alemanha contra a Rússia, O Japão vai se estrepar!, O Brasil rompeu com eles e O fim da guerra. O último, As escrituras e a guerra atual, de Apolinário de Souza, traz de volta o sentimento místico do poeta popular. O conjunto mostra a excelente contribuição de Zé Vicente, que assinou nada menos de oito folhetos.

Nessa altura, podemos perceber que Lindolfo Mesquita, que repudiou os folhetos, foi, como Zé Vicente, um dos poetas mais vigorosos, criativos e originais da literatura popular paraense.

> Vicente Salles
> Brasília, 3 de julho 1999

A GREVE DOS BICHOS

Muito antes do dilúvio
Era o mundo diferente,
Os bichos todos falavam
Melhor do que muita gente
E passavam boa vida
Trabalhando honestamente.

O diretor dos correios
Era o doutor Jabuti,
O fiscal do litoral
Era o matreiro Siri
Que tinha como ajudante
O malandro do Quati.

O Rato foi nomeado
Para chefe aduaneiro,
Fazendo muita "muamba"
Ganhando muito dinheiro
Com Camundongo ordenança
Vestido de marinheiro.

O Cachorro era cantor
Gostava de serenata,
Andava muito cintado
De colete e de gravata
Passava a noite na rua
Mais o Besouro e a Barata.

A Cigarra, muito pobre,
Ainda não era "farrista"
Ganhava cinco mil réis
Para ser telefonista,
Mas foi cantar num teatro
E acabou como corista.

O Mosquito era enfermeiro
Tinha muita ocupação,
Andava sempre zunindo
Dando na tropa injeção,
Combatendo noite e dia
O micróbio da sezão.

O diretor do Tesouro
Era o doutor Gafanhoto,
Andava sempre apressado
Num bom cavalo de choto
Que uma vez quebrou a perna
Dentro dum cano de esgoto.

A Saúva se ocupava
Na podação dos jardins
E tinha como ajudantes
Quatrocentos Mucuins
Que já nesse velho tempo
Eram moleques ruins.

O Macaco sempre foi
Muito bem expediente
Passava a vida feliz
Sempre baludo e contente,
Com sua sabedoria
Enganando toda gente.

O Burro, metido a sebo
Queria ser sabichão,
Até chegou mesmo a ser
Diretor da educação,
Onde baixou portaria
Metendo... os pés pela mão.

Do telégrafo sem fio
Era o chefe o Caranguejo,
Apesar de não saber
Daquele troço o manejo,
Dava melhor pra tocar
Berimbau ou realejo.

A Mucura era empregada
Numa fábrica de extrato,
O Peru era na terra
Consertador de sapato,
O Calango quitandeiro
Só não vendia barato.

Dona Aranha era modista,
A Mosca sua empregada,
Quando errava no serviço
Levava muita pancada,
Mas no fim de pouco tempo
Já vivia acostumada.

A Guariba era uma negra
Destas mesmo bróbóbó,
Que não se dava a respeito,
Dançando no carimbó,
Num chamego vergonhoso
Com o sobrinho do Socó.

Por causa dela, uma vez,
Houve até pancadaria:
Quebraram a perna do Gato
Furaram os olhos da Jia
E o Mocó esmoreceu
Na presença da Cotia.

A Picota, coitadinha,
Teve um chilique na rua
Naquela barafunda
Apareceu a Perua,
Que ficou foi depenada
E completamente nua.

Era o chefe de polícia
O comendador Jumento,
Que tomou as providências
Requeridas no momento,
Mostrando que para o cargo
Só lhe faltava talento.

Guariba foi deportada
Do centro da capital,
Depois da enorme sentença
De um processo federal,
Que condenava a vadia
Por ofensas à moral.

O jornal intitulado
"Gazeta dos animais"
Combateu esse processo
Chamando a todos venais
Porém, comprado o seu dono,
Fechou-se, não falou mais.

O sobrinho do Socó
Quando viu a coisa feia,
Foi falar com seu padrinho
Que tinha bom pé-de-meia,
E com peso de dinheiro
Pôs o juiz na cadeia.

Nessa campanha medonha
Um Bode pai de chiqueiro
Foi "bancar" o moralista
Mas desertou do terreiro,
Por causa dumas histórias
Que revelou o Carneiro.

O Porco, então, prometeu
Fazer de todos a cama,
Dando lições de higiene
Querendo ter muita fama,
Mas todo bicho sabia
Que ele morava na lama.

Carrapato era fiscal
Preguiçoso e muito feio,
Onde havia uma tramóia
Estava sempre no meio,
Engordando doidamente
À custa do sangue alheio.

A Formiga era sovina
Mas amiga do trabalho
E tinha seu sindicato
Cada qual lá no seu galho,
Acumulando no inverno
Folhas de mato e retalho.

Tartaruga, pescadora,
Era amiga da Baleia,
Tracajá guardava os ovos
Nos tabuleiros de areia,
Mas a Cobra só sabia
Falar mal da vida alheia.

O Tamanduá-bandeira
Era muito adulador,
Não saía do palácio
Mirando o governador,
Até que enfim conseguiu
Ser juiz corregedor.

E depois que se pegou
Naquela nova função,
Foi dizer que tudo aquilo
Era simples galardão
De seu talento elevado
Mas, favor, isso é que não!

Naquele tempo existia
Teatro da natureza
Borboleta era querida
Por sua grande beleza,
Era a melhor dançarina
Que se via na redondeza.

Cururu era aplaudido
Como mágico perfeito,
Engolindo fogo em brasa
Como quem bate no peito,
Ganhando palmas "à beça".

Fez uma festa o Veado
Em benefício da Arraia
Que já não tinha dinheiro
Nem pra comprar uma saia,
E o Cachorro foi cantar
Mas apanhou uma vaia.

Urubu já nesse tempo
Era um grande aviador,
Levando a correspondência
Aos bichos do interior,
Conduzindo pelos ares
Cartas, postais e valor.

A Coruja era ama seca
Dos filhos do Papagaio,
Que só viviam chorando
Dentro dum grande balaio,
Com medo de tempestade
De chuva grossa e de raio.

Papagaio era estimado
E professor numa escola
Onde uma vez fez exame
A turma do Tatu-bola
Que foi toda reprovada
E levou pau na cachola.

Ia tudo muito bem
Ganhando alegre o seu pão,
Mas, uma vez o Quati
Se arvorando a sabichão,
Falou na necessidade
De fazer revolução.

Pedindo logo a palavra
Foi, de fato, extraordinário
Quando afirmou que o trabalho
Precisava de outro horário
E lembrou de se aumentar
Da bicharada o salário.

O Burro, então, bateu palma
Gritando, muito emproado:
"Muito bem, isto é verdade
Eu já vivo maltratado
De trabalhar para os outros
Como um pobre condenado".

O cavalo relinchando
Seu sofrimento descreve
E pede que o movimento
Seja mesmo para breve,
Que em todo o reino se faça
Estalar medonha greve.

Vendo a coisa pegar fogo
Cada qual melhor atiça
O Burro sempre na frente
Bufando vem para liça
Tudo que é bicho aderiu
Menos a dona Preguiça.

Havia imensa algazarra
Toda manhã, toda tarde,
O Quati não se calava
Promovendo grande alarde,
Enquanto o Boi só ficou
Pra não passar por covarde.

Acharam já os grevistas
Que nada estava direito;
Até Pipira arvorada
Batia o bico no peito,
Dizendo: "Pra me acalmar
Só mesmo com muito jeito".

O Macaco foi ao mato
Trouxe um rolo de cipó
E disse para o Quati:
"Isso é pra dar muito nó
No patife que fugir
E deixar a gente só!"

A Raposa convidada
Para a luta pela Aranha
Respondeu: Não acredito
Estou farta de patranha,
Tenho meu ponto de vista
Vou ver primeiro quem ganha.

Começando o movimento
A Formiga deu notícia,
O Tatu foi logo preso
Para o quartel de polícia,
Mas pensando na vitória
Até se riu com delícia.

O Peru, numa contenda,
Perdeu metade da crista;
Já tinha havido a traição,
Muitos estavam na lista;
O Galo foi deportado
Como sendo comunista.

A questão não dava jeito,
Já passava uma semana;
O Porco entrou num roçado
Comeu tudo que era cana
E o Macaco foi pegado
Quando roubava banana.

O Quati viu-se perdido
Foi dando o fora apressado,
Enquanto o trouxa do Burro
Ali ficava enrascado,
Sem saber que jeito dava
Naquele caso encrencado.

Não havia mais comida
E nem tampouco dinheiro,
Mas a família Formiga
Tinha bem farto o celeiro
E quando foi procurada
Escondeu tudo primeiro.

O Jacaré, nesse tempo,
Era o grande imperador,
Sua corte era composta
Só de bichos de valor,
Como a família Piranha
Onde tudo era doutor.

Tubarão, o comandante
De uma valente brigada,
Com corpos de infantaria
Do capitão Peixe-espada,
Mandava o "zinco" comer
Na costela da negrada.

Já quase desanimando
E arrependida da idéia,
Resolveu a bicharada
Se juntar numa assembléia
Que teve muita ovação
No grande dia da estréia.

Disse o Burro: "Minha gente
Só quero ver como é,
Ninguém mais hoje trabalha
Pra sustentar Jacaré
Ele agora o que merece
É certeiro pontapé".

Pedido o auxílio da Onça
Esta se comprometeu
E, disfarçada, em palácio
Uma noite se meteu:
Quando chegou Jacaré
Passou-lhe o dente e comeu.

Tomou conta do governo
Debaixo de aclamação
E baixou logo um decreto
Em que fazia questão
De só comer Jacaré
Que é de boa digestão.

O resto dos Jacarés
Vendo a vida por um fio,
Abandonou a cidade
Foi morar lá no rio,
Nunca mais na terra firme
A raça deles se viu.

Já para o fim, dona Onça
Foi ficando diferente,
Qualquer bicho que ela via
Passava logo no dente,
Ninguém teve mais direito
Tudo andava descontente.

Ao filho do Jacaré
Um grupo enorme aparece
E o governo da nação
De repente lhe oferece,
Mas este diz: "Cada povo
Com o governo que merece!"

E subindo para a praia
Falou com muita razão:
"Vocês pensavam que a Onça
Ia salvar a nação,
Mas, querem ver o bonzinho
Bota-lhe a lança na mão".

Os conselhos recebidos
Fez, então, que não ouviu,
E rematando a conversa
Os grandes olhos abriu:
"Vocês vão chorar na cama
Que ficou dentro do rio".

"A mim ninguém pega assim
Como pegaram meu pai"
Disse o jovem Jacaré
Que no convite não cai,
E termina murmurando:
"Pra lá o diabo é quem vai".

Voltaram todos os bichos
Se lamentando da sorte
A Coruja arrependida
Já preferia era a morte,
Ninguém tinha mais coragem,
Ninguém sentia-se forte.

O Burro foi processado
Por mera perseguição,
Perdeu toda uma fortuna
Que ganhou com "cavação"
Ficou quase na miséria
E foi parar na prisão.

A Raposa era matreira
Mas se fingia de sonsa,
Vendo o rumo que tomava
Toda aquela geringonça,
Assinou um manifesto
Solidária com a Onça.

Cada vez a tirania
Manchava mais a nação:
A Onça só se empapando
Comendo farta ração,
Devorando os animais
Sem a menor compaixão.

O Bode compareceu
Num banquete oficial,
Mas quando quis regressar
Sofreu um golpe fatal,
Foi comido pela Onça
Sem choro, sem funeral.

Todos os bichos fugiram
Ninguém mais contava broca,
Maribondo, amedrontado,
Já não saía da toca;
No reino arisco dos bichos
Tudo corria à matroca.

Quando acabou o governo
Desse tempo de sobrosso,
No palacete da Onça
Tinha um montão de caroço
E no tesouro do reino
Uma montanha de osso!

O BRASIL ROMPEU COM "ELES"

Chegou também para nós
O momento decisivo.
Nosso Brasil sobranceiro
Não nasceu para cativo.
Da liberdade, no peito
O sentimento tem vivo.

Vamos agora lutar
É contra a barbaridade.
O Brasil nessa missão
Age agora de verdade,
Pois vai bem alto gritar
Pelo bem da humanidade.

Não podia a nossa pátria
Se quedar covardemente.
Do contrário, os filhos seus
Rolariam na torrente.
O resultado seria
A peia, o tronco e a corrente.

As nações totalitárias
Querem o direito esmagar.
Japão, Itália, Alemanha,
Querem o mundo escravizar,
Mas a nação brasileira
Tal não pode tolerar.

Em cada peito brasílio
Bate um livre coração.
Brasileiro não nasceu
Para arrastar-se no chão.
É preferível morrer
A ser servo de alemão.

Contra o regime nazista
Lutaremos com vigor.
Vamos mostrar firmemente
Também o nosso valor.
Assim faz o brasileiro
Que a seu país tem amor.

Nosso Brasil não deseja
Ver no mundo a escuridão.
Está soberbo, do lado
Onde se ergue a razão.
Vai em prol da liberdade
Trabalhar como um leão.

O Novo Mundo não pode
Ficar de braço cruzado.
Este nosso continente
Hoje vive ameaçado.
Está exposto à cobiça
Do velho lobo esfaimado.

O nazismo alvoroçado
A sua vela hoje enfuna.
Ele tenta atravessar
Para cá na sua escuna.
É preciso pôr-se em guarda
Contra a tal Quinta Coluna.

Essa gente traiçoeira
Age na sombra da noite.
Mas infeliz do atrevido
Que nessa empresa se afoite:
Entra no arame farpado,
Se gritar muito, no açoite.

O Brasil não quer conversa
Com partidários do Eixo.
Foi por causa dessa gente
Que no mundo há remeleixo,
Que o nazismo impertinente
Só fala em murro no queixo.

Rompemos as relações
Com japonês e alemão.
Italiano também
Vem de carrinho de mão;
Amizade só existe
Com país que for irmão.

Ninguém quer mais ter negócio
Com quem é totalitário.
É ser quinta-colunista
Quem pretender o contrário.
Quem infringir esta norma
É cabra muito ordinário.

O dever do brasileiro
É agora vigiar;
Ter cuidado de verdade
Com quem quiser se mostrar.
A decisão do Brasil
A gente tem que apoiar.

Nós estamos lado a lado
Das nações americanas.
Vamos mostrar quanto vale
Os que gostam de bananas
E vão agora enrascar
As tais potências tiranas.

O Brasil furou na venta
E não quer mais lero-lero.
Japonês ou alemão
Pra nós não diz quero-quero;
Não vêm soprar deste lado
Com sua boca de mero.

O nazismo aqui não forma,
Aqui não tem cotação.
O Brasil é democrata,
De sangue, de coração,
Não vai nessa cantoria
Que canta o povo alemão.

Não queremos essa coisa,
Essa doutrina nazista.
Isso foi coisa inventada
Por gente malabarista
Pra tapear meia dúzia,
Igual a fogo de vista.

Japonês foi traiçoeiro
Contra a América do Norte,
Mas na sua falsidade
O Japão não teve sorte.
Agora, é vivo, ele vai,
Sentir o frio da morte.

Japonês andou fingindo
Que era um anjo de candura,
Mas de repente mostrou
Quanto tem a cara dura,
Agredindo de emboscada
Pensando que era bravura.

Essa gentinha irritou
A gente do Novo Mundo.
Esse golpe, francamente,
Foi na verdade profundo,
Mas foi golpe que envergonha
Até mesmo um vagabundo.

O Brasil logo falou
Pela voz do presidente.
Essa ação do japonês
Foi ação muito inclemente.
Quem quiser diga o contrário,
Que fica logo é sem dente.

As nações americanas
Fizeram coligação.
Houve a grande conferência
Para maior união
E mostrar que nós aqui
Não temos medo do cão!

Vamos agora ficar
Numa firme posição.
Vamos pôr a vista em cima
Do tal nazismo alemão;
Vamos pegar japonês
Que se mostrar espião.

Contra as três nações do Eixo
Nós vamos força fazer.
Não queremos transações
Com quem só quer nos morder,
Com quem vive eternamente
A discórdia a promover.

Quem não gostar da verdade
Que bem longe se reúna.
Quem achar ruim a coisa
Na certa é "quinta coluna",
Merece arame farpado
Num campo lá da Pavuna.

Quem torcer por alemão
Só pode ser traidor,
Se torcer por japonês
Por nós nega o seu amor,
Se pela Itália torcer
Rebenta como um tumor.

Nesta guerra pavorosa
A Alemanha se desgraça.
Na mão do russo valente
O tal Hitler se esbagaça,
Enquanto o povo inglês
Lhe criva bem a carcaça.

Vai a América do Norte
Também lhe dar um sopapo;
Nós vamos do nosso lado
Meter-lhe um tiro no papo,
Deixar "seu" Hitler cair
Como cai um jenipapo.

Mussolini vai ficar
É vendo o mundo da lua.
Japonês há de rodar
Direitinho uma perua,
Correndo de ventarola
Doido no mundo da lua.

Queremos ver brevemente
O tal nazismo por terra.
Alemanha hoje resiste
E pelo rádio inda berra,
Mas pode arrumar a trouxa,
Que na certa perde a guerra.

Vive agora o Novo Mundo
Unido numa corrente.
Vamos mostrar nossa força
Deste lado do ocidente
E mandar muito reforço
Para o lado do oriente.

Japonês é traiçoeiro,
Mas agora come fogo;
Alemão é convencido
Mas na certa perde o jogo;
Italiano, coitado,
Vai chamar Chico a Diogo.

E no meio dessa luta
A França livre aparece;
Na figura de De Gaulle
cada vez mais se engrandece;
o francês livre na guerra
Nem um momento esmorece.

O polonês destemido
Também terá seu pedaço.
Quando chegar o momento
Nazista vira bagaço
A casa do tal de Hitler
Há de ficar num chumaço.

Lá da África do Norte
Alemão já foi varrido;
Atrás dele italiano
Há muito que foi corrido;
Até lá na Abissínia
Já foi tudo resolvido.

Mussolini agora vê
Uma derrota de sobra.
Isso foi muito bem feito,
O final de sua obra,
Mas ele berra, esperneia,
Fica mesmo que uma cobra.

Quando chegar o momento
De se atacar o Japão,
Esse país vai sentir
O peso da aviação,
Vai chover bomba a valer,
Vai ser pior que um vulcão.

O hemisfério ocidental
Está dentro do barulho.
Isto é sinal que o nazismo
Agora vai de embrulho,
Vai esticar o cambito,
Ficar debaixo do entulho.

O chinês vai dando conta
Direitinho do recado.
Chinês pega o japonês
E deixa bem machucado,
Quando o bruto mete a cara
Sai é todo arrebentado.

A China agora mostrou
Que tem é sangue na veia
Japonês quando se tem
Se esborracha na areia.
O china pega o moleque,
Sujiga e mete-lhe a peia.

O chinês agora mostra
Que não tem mais lero-lero.
Para o chinês japonês
Já não vale mais um zero,
Japonês faz a traição
Mas se finge de sincero.

Vamos abrir bem o olho
Contra qualquer espião.
Essa gente perigosa
Quando fere é à traição;
Podendo faz sabotagem
Prejudicando a nação.

Brasileiro tem cuidado,
Sê um firme sentinela.
Defende o nosso Brasil
Contra a perfídia amarela.
Não te fies na conversa
Que te jogam por tabela.

Quando vires o manhoso
Tentando se aproximar
Fica logo prevenido,
Que ele pode te sondar
Para saber qualquer coisa
Que lhe possa aproveitar.

Não dá nunca confiança
Seja lá para quem for.
Só confia no aliado
Que como tu tem ardor,
Que luta por nossa causa
Porque lhe sabe o valor.

É preciso que tu saibas
Que tomamos posição;
Que descendemos também
Duma impávida nação,
Duma pátria sobranceira,
Valente como um leão.

Brasileiro é de verdade
E não nasceu para o relho.
No Brasil nação alguma
Vem meter o seu bedelho,
Se tentar meter a cara,
A gente quebra o aparelho.

Quando damos a palavra
Não voltamos mais atrás.
Demos agora de fato,
Pois assim é que se faz.
Quando a formiga se assanha,
Bota-se em cima aguarrás.

A saúva nesse caso
É o tal soldado alemão.
Mas agora à nossa custa
Ele não come mais pão,
Não mandamos para os tais
Mais um tico de ração.

Deste lado do hemisfério
A porta ficou fechada.
Rompemos as relações,
Conosco não tem mais nada;
O Eixo agora vai ver
A coisa muito encrencada.

Na conferência que houve
Lá no Rio de Janeiro,
O ministro Osvaldo Aranha
Foi quem falou por primeiro,
Mostrou que nosso país
No que diz é verdadeiro.

Entre todas as nações
O Brasil não vacilou.
Sua firmeza constante
Com orgulho demonstrou,
A América do Norte
Decidido acompanhou.

Uma nação nossa irmã
Não pode ficar sozinha.
Vamos lutar a favor
Dessa irmã nossa vizinha,
Que foi ferida nas costas
De maneira tão mesquinha.

Como fizeram com ela
Podia ser com o Brasil.
Por isso nós não devemos
Abandonar o fuzil,
Mostrando, em cima da bucha,
Disposição varonil.

Ninguém aqui deste lado
Tem medo de japonês;
Ninguém teme atrevimento
De quem só luta de três;
Basta só um brasileiro
Pra dar conta de vocês.

Alemão por mais comprido
Também não causa impressão.
Acabou-se a valentia
Depois que veio o canhão;
Basta uma bala certeira
Pra pôr o bicho no chão.

Italiano também
Não faz ninguém se inquietar.
Basta uma boa investida
Para o rapaz disparar
E nunca mais neste mundo
Nem um trem o encontrar.

Guerra relâmpago agora
Nunca mais que mete medo.
Já foi desmoralizada,
Não constitui mais segredo.
A Rússia tirou-lhe a fama,
Na verdade muito cedo.

Quem não gostar deste livro
Não nos merece atenção.
É torcedor de nazista
É simpático ao Japão.
E quem torce pelo Eixo
Não pode ser bom cristão.

Conter o hitlerismo
É combater a maldade;
É lutar pela defesa
Do bem, da luz, da verdade;
É saber sair a campo
Pelo amor da liberdade.

Morra, pois, a tirania,
Morra a negra escravidão!
Viva o mundo sempre livre,
Na mais perfeita união!
Morra o totalitarismo
Que só prega a servidão!

O AZAR, A CRUZ E O DIABO DIVERTIDA HISTÓRIA DO HOMEM MAIS AZARADO DO MUNDO

Entenderam os maus fados
Que num dia de finados
Eu havia de nascer
Era um dia muito sério
De choro no cemitério
Quando este mundo vim ver.

Minha mãe morreu de parto
Entre as paredes do quarto
Em que me foi dar a luz
O meu pai, acabrunhado
Pelo golpe inesperado
Entregou a alma a Jesus.

Foi assim que dessa sorte
Meu avô um homem forte
Ficou cheio de aflição
E vendo tanta desgraça
Entregou logo a carcaça
À morte sem compaixão.

Minha avó uma velhinha
Coitada, muito fraquinha
Uma semana chorou
Só não chorou mais aflita
Porque a barca maldita
Com sua foice a matou.

Vendo sorte tão avessa
Meu irmão deu na cabeça
Cinco tiros de "Nagant"[7]
A coisa foi tão sentida
Que morreu doida varrida
A minha única irmã.

Dos parentes só um tio
Vinte dias resistiu
Mas... mais tempo não viveu
A mulher teve igual sorte
Chorou tanto sua morte
Que no outro dia morreu.

A sogra dele, coitada
Ficou tão desesperada
Que de noite se enforcou
Uma vizinha com pena
Morreu ao ver essa cena
Porque do susto tombou.

Ficou em casa o Formoso
Um cachorro, que saudoso
Muitos dias não durou
E uma cadela faceira
Que era a sua companheira
Comeu "bola" e se matou.

Um filho dessa cadela
Ao sentir a falta dela
Quatorze dias uivou
E magro, feio, pirento
Acabou seu sofrimento
Num rio em que se jogou.

Um cachorro, seu parente
Também ficou descontente
Não querendo viver mais
Com a coragem que tinha
Entregou-se à carrocinha
Da correção de animais.

Desse cão a namorada
Uma cachorra estimada
Não tomou mais nem café
A um rio foi destemida
E se jogou resolvida
Na boca dum jacaré.

O jacaré num arranco
Foi subir para um barranco
Pra comê-la com desdém
Mas uma onça ligeira
Chegou por trás, traiçoeira
E deu-lhe cabo também.

E quando já satisfeita
Vai caminhando, à direita
Aparece um caçador
Esse homem vendo o perigo
Deu-lhe um tiro no umbigo
E a bicha morreu de dor.

Mas do tiro, o bacamarte
Deu-lhe um coice com tal arte
Que o jogou morto no chão
Caiu numa jurubeba
Em cima dum tatupeba
Que se enterrou pelo chão.

Minha gente, foi assim
No dia que ao mundo vim
Causando tanto terror
Criei-me sem um carinho
Andando sempre sozinho
Neste mundo sofredor.

E quando eu tinha dez anos
Vivendo dos desenganos
Me apareceu Satanás
Olhou-me muito contente
E me disse sorridente:
— O que é que você faz?

Sem o menor medo dele
Eu disse tudo pra ele
Mas não contei meu azar
Ele então me convidou
E traiçoeiro implorou
Para ao seu reino eu chegar.

Contou-me então muita peta
O patife do Capeta
Pensando se disfarçar...
Mas do besta do Diabo
Eu já tinha visto o rabo
Um toquinho a balançar.

No bolso eu tinha uma cruz
Com a imagem de Jesus
Que ele não pôde avistar
Eu tive então um palpite
Aceitei logo o convite
De seu reino visitar.

Quando foi à meia-noite
Da ventania no açoite
Fomos no inferno bater...
Mais de quinhentos diabinhos
Agitando os seus rabinhos
Vieram nos receber.

Pregada numa parede
Vi uma alma com sede
Pedindo água a chorar
A mãe do Diabo, de touca
Esfregava sal na boca
Da pobre alma a penar.

Metida numa cadeira
Vi durante a noite inteira
Uma pobre meretriz
Em meio à grande quentura
Fazia pena a criatura
Aquela alma infeliz.

E num quarto muito estreito
Eu vi um ex-sub-prefeito
Com fome pedindo pão
Um diabinho cor de sarro
Num peniquinho de barro
Lhe dava estercos do Cão.

Um oficial de justiça
Arrolhado com cortiça
Do corpo em certo lugar...
Num castigo extravagante
Muitos litros de purgante
Era obrigado a tomar.

E um camarada que em vida
Tinha o vício da bebida
Eu vi também a penar
O pobre cheio de mágoa
Ali bebia era água
Para o tributo pagar.

E mais adiante eu deparo
As culpas pagando caro
Um advogado ladrão
Dos seus bens o despojavam
E depois o encarceravam
Em fedorenta prisão.

E numa escura saleta
Rodando numa roleta
Sem se poder abaixar
Um jogador via as fichas
Correndo qual lagartixas
Quando ele as ia pegar.

Um velho saçariqueiro
Que gastou muito dinheiro
E foi na vida um imoral...
Sofria um frio danado
Nu, numa adega amarrado
Sem lenitivo pro mal.

Uma família orgulhosa
Que fora muito vaidosa
Recebia a provação
Sem mais valer o seu nome
No chão, comia com fome
Num cocho, ao lado dum cão.

Um demoninho vermelho
Dava surra de relho
Numa velhota feroz
Essa velhota foi sogra
Pior do que uma cobra
Trazia o genro no cós.

Eram tais quadros terríveis
Eram cenas tão horríveis
Que me faziam tremer
Veio um diabinho zarolho
Satanás piscou-lhe um olho
Pro danado me prender.

Pra que eu não desconfiasse
E a seu sequaz me entregasse
A seu lado me chamou
Deu-me um bruto saco de ouro
Pensando ser eu calouro
Mas comigo se enganou.

Quando eu, de posse do saco
Já enchia de tabaco
O meu cachimbo de pau
Ele gritou pro zarolho
Que me metesse num molho
E lhe fizesse um mingau.

Eu pulei igual um macaco
E tirei do meu casaco
A minha bendita cruz
A diabada, em disparada
Não teve tempo pra nada
Fugindo da santa luz.

E acabei com o sacrifício
Livrei do grande suplício
As almas, mais de um milhão
E só pelo desaforo
Peguei cem sacos de ouro
Da festa o melhor quinhão.

E deixando o azar no inferno
Tomei nota no caderno
Dessa aventura sem par...
Desde essa noite bendita
Relata, então, minha escrita
Que Satanás tem azar.

Eu escapei por um triz
Mas hoje vivo feliz
Quando morrer, vou pro céu...
Quem sofrer de assombração
Quem tiver medo do Cão
E só pedir meu chapéu.

PELEJA DE CHICO RAIMUNDO E ZÉ MULATO

Seu Quincas, homem festeiro,
Festejando São João,
Fez reunir em sua casa
Uma seleta sessão,
Enfeitou todo o terreiro
De bandeirinha e balão.

Em frente da residência
Fez uma bruta fogueira
E a gente da rendondeza
Convidou pra brincadeira,
Para tomar aluá
Com bolo de macaxeira.

Era uma data querida,
Era um fato extraordinário,
Compareceu Zé Paulino,
Mané Felipe e Macário,
Chico Dantas, Izidoro
E até "seu" próprio vigário.

Muitos rapazes e moças
Compareceram à função
Para render homenagem
Ao glorioso São João,
Que batizou Jesus Cristo
Lá no rio do Jordão.

A fogueira era bonita,
Tinha dois metros de altura,
Tinha um metro de quadrado
Com madeira de espessura
E foi de tarde arrumada
Pra cedo fazer figura.

A meninada contente
Já queimava busca-pé,
Correndo pelo terreiro
Fazendo grande banzé,
Dando viva a São João
Que brincalhão também é.

Na cozinha a mulherada
Punha fogo na canjica,
Fazia broa de milho
Punha a pamonha na estica,
E pra guardar o aluá
Tirava o pote da bica.

Seu Quincas migava fumo
Em meio àquele desleixo
Pra oferecer aos convivas
Que só trazem mesmo o queixo
Que a sua custa não fumam
Mas dado, vai mais de um feixo.

No terreiro em barulhada
A gente via a criação,
Galinhas, patos, perus,
Se misturando com o cão,
Um cachorro que acudia
Pelo nome de "Sultão".

E no jirau cochilava
Um gato velho caduco,
Batendo a pata um cavalo
Perseguido de mutuca,
Tremia a espinha dorsal
Desde o rabo até a nuca.

Tinha pipoca de milho
Com rapadura socada,
Tinha jerimum com leite,
Pé-de-moleque e cocada,
Tapioca e mel de cana,
Não faltava mesmo nada.

Matou-se um grande capado,
Um bode pai de chiqueiro,
Um peru, duas picotas,
Três galinhas, um carneiro,
Quatro patos, dois frangotes,
Mais um capão do terreiro.

Tudo aquilo inda era pouco
Pra gente que se aguardava,
Pois de todo o povoado
De instante a instante chegava
O pessoal que na festa
Se divertir esperava.

Todos os anos o Quincas
Fazia aquela função
Pois pelo santo querido
Tinha grande devoção
E o botava num altar
Onde fazia oração.

São João todo enfeitado
Com lindo manto de prega
Olhava pra santo Antônio
Como quem riqueza alega
E o pobre santo humilhado
Ralhava com o seu colega.

Naquela noite encantada
Ia ali um cantador
De fama e muito temido
Por ter no verso vigor
E cantar quarenta dias
Com qualquer um trovador.

Diz que o cabra era valente
Fazia as cordas tinir,
No martelo, na embolada,
Da glosa, no repetir,
Cantava de dia e noite
Sem ter tempo de cuspir.

Já tinham mesmo avisado
Que eu temperasse a garganta
Pusesse o lombo de molho,
Rezasse para uma santa
Que se eu cantasse de tarde
Não chegava nem pra janta.

Me disseram que a viola
Eu botasse no seguro,
Que ele cantando no claro
Melhor cantava no escuro,
Da pedra fazia pau,
Do mole fazia duro.

Que mais de cem cantadores
Lhe tinham pedido paz,
Cantavam só meia hora
Depois não queriam mais,
Voltavam de cara torta,
Com o calcanhar para trás.

Que com ele, cantador
Nunca pôde meter cunha,
Que ficava mais sem gosto
Que caroço de pupunha
E saía esmigalhado
Que nem piolho na unha.

Que ele era mesmo terrível,
Dos seus rivais dava cabo,
Que vencendo um cantador
Pegava então pelo rabo
E mandava direitinho
Para a casa do diabo.

Vencia o dono da casa
A mãe, o pai, mais a filha,
O sobrinho e o cunhado
E depois botava a cilha
E montava em todos eles
Pra ir cantar noutra ilha.

Das cantorias que fez
Já tinha um grande caderno,
Cantando pelo verão
Ia entrando pelo inverno,
Dizia não ter receio
De cantar nem no inferno.

Toda gente só falava
Ao cantador Zé Mulato
Que dava surra de relho
E pisava com o sapato
Como quem mata saúva,
Barata, formiga ou rato.

Seu Quincas, fazendo pouco,
Me disse: prepara o couro,
Te encomenda logo a Deus,
Pois eu não quero ver choro,
Que ele te faz em coalhada
Bebe a nata, deixa o soro.

Eu respondia me rindo:
Seu Quincas, Chico Raimundo
É cantador afamado,
Inda não viu neste mundo
Garrafa sem ter gargalo,
Bolso de calça sem fundo.

Zé Mulato, convencido,
Dizia pra toda gente:
— Vou pegar Chico Raimundo
Deixar-lhe a boca sem dente,
Botar-lhe o peito pra trás,
Virar-lhe o lombo pra frente.

Vou deixar-lhe todo o corpo
Pior que cana com broca,
Sangrar, tirar os miúdos
E depois fazer paçoca
Pra fazer isca de anzol
Quando não achar minhoca.

Vou mostrar com quantos paus
Zé Mulato faz jangada,
Vou deixar a cara dele
Pior que lata amassada,
E com palito de dente
Deixar-lhe a tripa virada.

Vou tirar-lhe o couro inteiro
Com serrote enferrujado,
Decepar-lhe os mocotós
Com canivete amolado,
Tirar-lhe o sangue das veias
Para estrumar meu roçado.

Até que chegou a noite
Em que nos demos de cara,
Era uma noite de lua
Muito linda e muito clara
E dando início à festança
Uma ronqueira dispara.

O Zé Mulato vaidoso
Foi logo matando o "bicho",
Depois disse presumido:
Desculpem que é meu capricho
Beber um trago de "cana"
Quando vou pisar no lixo.

Depois me disse: Atrevido!
Prepara logo o caixão,
Toma a bênção do teu pai
Faz a tua confissão,
Escreve teu testamento,
Que vivo não voltas, não.

Eu então lhe respondi:
— O caixão já preparei
Mas não fiz a confissão
E nem a bênção tomei,
Mas o caixão construído
Foi pra você que arranjei.

Zé — Você pra mim é menino
Amarelão, come barro,
É taquari de cachimbo,
É bagana de cigarro,
É soluço, não gemido,
Nunca foi tosse, é pigarro.

Chico – E tu não és nem menino,
És um feto desumano,
És rede suja de cego,
És um boneco de pano,
És chave sem fechadura,
És água suja de cano.

Z – És uma faca sem cabo,
És espingarda sem cão,
És um balão sem esponja,
Lata velha de covão,
És selo já carimbado,
Colarinho sem botão.

C – És uma trempe sem pernas
És um velho ao pé dum novo,
És um pincenê sem vidro
És mictório do povo,
És uma galinha choca
Chocando casca de ovo.

Z – Tu és um pano nojento
Limpando lugar imundo,
És um penico sem beira,
És uma mala sem fundo,
És pior do que bexiga,
Do que doença do mundo.

C – És uma telha de vidro
Numa casa em noite escura,
És duas bandas de saco
Sem ter boca e sem costura,
És mesmo que mentiroso
Que beija os dedos e jura.

Z – Quando eu nasci foi cantando
E pedindo uma viola,
Aprendi conta e leitura
Mas nunca fui numa escola,
Pois eu não sou como tu
Um mentiroso e gabola.

C – Cantador melhor que tu
Eu já quebrei pelo meio
Depois com pena emendei
Botei sela e botei freio
Para em dia de domingo
Dar lá na feira um passeio.

Z – A minha fama é medonha
Vencedor eu nunca achei
E duma vez um país
Com um eco enorme espantei,
Pensavam que era um vulcão
Mas foi um grito que eu dei.

C – Eu também sou perigoso
Sou mesmo de qualidade,
Pois quando ainda menino,
Com poucos anos de idade,
Fui soprar um fogareiro
E fiz uma tempestade.

Z – É minha sina ser forte,
Com gente fraca eu embirro
E vendo um cabra covarde
Mais o meu ânimo acirro,
Derrubei uma floresta
Ao dar na mata um espirro.

C – Não tenho medo de nada
De tudo faço remoque,
Pego baleia em paneiro
Mato onça de bodoque,
Acabo com um batalhão
Tendo na mão um estoque.

Z – Mergulho com jacaré,
Dou cascudo em tubarão,
Eu faço cobra dançar,
Maneta jogar pião
E quando estou com calor
Eu pego o vento com a mão.

C – Eu dando um grito na praia
Faço o oceano parar,
Faço nuvem andar pra trás,
Faço a terra balançar,
Ensino boi a cuspir
E faço mudo falar.

Z – Eu pego boi de arapuca
Meto cavalo em gaiola
Faço tatu virar cobra
E sapo tocar viola,
Faço um rico esmoléu
E mendigo dar esmola.

C – Eu campeio tempestade
Montado num furacão,
Arrebento tromba d'água
Só com dois dedos da mão,
Pego o cabra mais valente
E dele faço pirão.

Z – Eu derrubo uma montanha
Dando nela um pontapé,
Luto com vinte nações,
Furo ferro com quicé,
Faço cachorro miar
E gato tomar rapé.

C – Faço luz em lamparina
Sem querosene e pavio
E faço um rei ficar pobre
Chamando o gato meu tio,
Com quarenta graus de febre
Eu penso que tenho frio.

Z – Embora fique sabendo
Que teu avô não concorda,
Agüento a tua avó
Dou-lhe uma surra de corda,
Eu caindo dentro d'água
O mar dez dias transborda.

C – Te pego por uma orelha
Dou-te um murro no cangote
E rasgo pela barriga
Como quem rasga caçote
Dou-te de pau, porque tu
Desonra até um chicote.

Z – Viro-te o queixo do avesso
Com o peso do meu murro,
Depois te puxo pra frente
Como quem arrasta um burro,
Pego uma peia bem grossa
E todo o tempo te surro.

C – Eu te esfolo de terçado
E penduro na parede,
Dou teu sangue pras formigas
Pra que não morram de sede,
Depois espicho teu couro
Pra fazer punho de rede.

Z – Eu te pelo n'água fria
Pra tirar todo o cascão,
Depois te quebro de pau
E te soco num pilão
E meto tudo num saco
Dou de presente pro cão.

C – Tu és mesmo que Caim
Depois que matou Abel,
Tens mais veneno na língua
Do que mesmo a cascavel,
Onde tu deixa a saliva
Ela logo vira fel.

Z – Eu estou reconhecendo
Seres árvore de fronde,
Na toada que se fala
Nessa mesma tu responde,
És um cantador valente
Que de medo não se esconde.

C – Faço velho criar dentes,
Valentão vestir anágua,
Coruja cantar bonito
De encher o peito de mágoa,
Canto um mês sem descansar
Sem beber um pingo d'água.

Z – Um cantador como tu
Com certeza nasceu feito,
É neste mundo o primeiro
Que no cantar eu respeito
E a quem confesso também
Que me sinto satisfeito.

C – A minha fama é valente
Você agora a celebre,
Eu não sou empanzinado
Que anda morrendo de febre
Eu não sou pau de imbaúba
Que qualquer moleque quebre.

— Quando você regressar
Não diga que fez furor,
Vá se curar desta surra
Que lhe deu um cantador
E pode por minha conta
Mandar chamar o doutor.

— Pra cantar lá na Inglaterra
Me chamaram outro dia
Eu mandei dizer ao rei
Que lá cantar não queria
Pois a Europa era titica
Só numa noite eu vencia.

Z – Agora o dono da casa
Por favor traga galinha,
Umas pipocas de milho
E café com bolachinha
E traga pra Zé Mulato
Purgante de cabacinha.

COMBATE E MORTE DE "LAMPIÃO"

Na famosa Vila Bela,
Estado de Pernambuco
Nasceu o chefe feroz
Do cangaço e do trabuco,
Que durante muitos anos
Nosso sertão pôs maluco.

José Ferreira da Silva
Era o nome de seu pai,
Morto também em combate
Há muito tempo já vai,
Mas o filho se levanta
Ainda bem ele não cai.

O seu nome de batismo
Foi Virgulino Ferreira,
Queria vingar o pai
Numa luta carniceira,
Tocar fogo no sertão,
Numa fúria verdadeira.

Esse chefe de cangaço
Era o grande Lampião
Que comandava sozinho
Um terrível batalhão,
Esquartejando com raiva
Quem lhe caía na mão.

Os sertanejos viviam
Debaixo de pesadelo
O nome de Lampião
Arrepiava o cabelo,
Do banditismo sem nome
Era o perfeito modelo.

O próprio Antônio Silvino
Junto dele foi um santo,
Pois esse antigo jagunço
Nunca causou tal espanto,
Combateu com a polícia
Sem chegar jamais a tanto.

O terrível Lampião
Usava dente de ouro,
Tinha óculos da moda,
Bonito chapéu de couro;
Tinha um defeito num olho
Que lhe causava desdouro.

Quando invadia um lugar
À frente da cabroeira,
Matava velho a punhal,
Castrava de "lambedeira",
Na pobre localidade
Não deixava casa inteira.

Uma vez, numa cidade
Lampião apareceu,
Cinco rapazes pegou
E de punhal abateu;
Tirando o sangue de um deles
Um dos seus cabras bebeu.

Um rapaz que estava noivo
Num esteio ele amarrou,
A noiva fez ficar nua,
Com ferro em brasa a marcou
E o noivo, desesperado,
O criminoso castrou.

No tempo de Artur Bernardes
Ele foi a Juazeiro.
Padre Cícero o chamou,
Fez-lhe um sermão verdadeiro;
Lampião quase chorou,
Cabisbaixo no terreiro.

O saudoso sacerdote
Condenou a sua vida,
Disse que aquilo era um crime,
Era uma grande ferida,
Que Lampião precisava
Ter a alma redimida.

O bandoleiro partiu
Conduzindo a sua gente,
Mas depois virou o cão
Matando até inocente,
Cometendo malvadez
A mais negra e repelente.

Prometeu, porém, deixar
O Ceará sossegado
Por causa do seu padrinho,
Padre Cícero adorado,
Do sertão do Juazeiro
O chefe mais respeitado.

Foi assim que o Ceará
De Lampião não sofreu,
Porque naquele sertão
Nunca mais ele mexeu,
Respeitando o seu padrinho
Que tais conselhos lhe deu.

Rumou, então, o bandido
Para lugares distantes.
Teve combates violentos,
Teve terríveis instantes,
Matou soldado à vontade,
Das tais polícias volantes.

Uma vez, um pobre velho
denunciou Lampião.
O bandido, sabedor,
Prometeu botar-lhe a mão
E vingar-se do velhinho,
Fazendo dele pirão.

O infeliz ficou lesando,
Sem saber o que fizesse.
Tratou logo de arribar,
Mas Lampião não se esquece
E certo tempo depois
De repente lhe aparece.

Surrou o pobre ancião
E depois mandou castrá-lo,
Em seguida o colocou
Na cangalha de um cavalo,
À procura de um seu filho
Mandou um cabra tocá-lo.

Quase morto, o desgraçado
Andou dez léguas e tanto.
Chegando à casa do filho
Causava dor o seu pranto,
Jamais se viu um cristão,
Oh! meu Deus, padecer tanto.

Bateu na porta do filho
Que no quarto se encontrava
E que seu pai nesse estado
Avistar não esperava,
Tão tranqüilo no seu lar
Nesse momento ele estava.

Quando veio abrir a porta
Viu o pai e o Lampião.
Sentiu na alma uma vertigem,
Um golpe no coração.
Aquele quadro terrível
Parecia assombração.

Qual é o filho, meu Deus,
Que vê seu pai nesse estado
E não fica de repente
Como que alucinado,
Como que se o coração
Tivesse sido esmagado?

Para pintar esse quadro
Era preciso que a gente
Molhasse a pena no sangue
Desse velhinho inocente,
Cujo semblante magoado
Nunca mais nos sai da mente.

O cangaceiro feroz
Com raiva o velho cutuca.
Surge a nora do infeliz,
Fica assim como maluca;
Nesse instante Lampião
Dá-lhe um tiro bem na nuca.

A mulher rola por terra
Pondo sangue pela boca...
Foi melhor, porque senão
A pobre ficava louca.
Apenas deu um gemido
Sua garganta já rouca.

O rapaz, vendo essa cena,
Avança de peito aberto,
Mas o bandido, ligeiro,
Dá novo tiro, bem certo;
O moço cai fulminado,
De sangue todo coberto.

Soluça aflito de dor
O desgraçado ancião,
Mas, de repente murmura:
"Mata, bandido, ladrão,
Que teu fim também será
Numa ponta de facão!"

Lampião, enfurecido
Puxa de novo o gatilho:
Matara a nora do velho,
Matara o pobre do filho,
Agora acaba a família,
Liquidando esse empecilho.

Um tiro parte violento
Num movimento instantâneo;
A bala atinge o velhinho
Esfacelando-lhe o crânio
E Lampião, debochando
Diz: "Adeus, meu conterrâneo!"

Essas façanhas horríveis
Era só o que fazia.
Lampião era uma fera
Que no sertão se escondia,
Que causava inquietação
No lugar que aparecia.

Quando encontrava um sujeito
Que levava algum dinheiro
Roubava tudo sem pena
Esse grande bandoleiro
Que proclamou a desgraça
Do interior brasileiro.

Os governos, muito tempo,
Gastaram grande fortuna
Para ver se davam cabo
Desse bandido turuna,
Cujo nome foi citado
Até mesmo na tribuna.

Até que um dia um tenente
Da raça pernambucana
Prometeu do Lampião
Cortar a fama tirana,
Liquidá-lo com seu bando
Em menos de uma semana.

Era o tenente Bezerra,
Homem valente de fato,
Que na luta era feroz,
Na agilidade era um gato,
Tanto "brincava" no limpo
Como lutava no mato.

Esse tenente Bezerra
Embrenhou-se no sertão.
Em pouco tempo mostrou
Que tinha convicção,
Que queria de verdade
Segurar o Lampião.

Deu cercos por toda parte,
Mas o bandido escapava,
Nas lutas esse tenente
Uns quatro ou cinco matava,
Mas o bando perigoso
Dias depois aumentava.

Lampião mandou dizer
Para o seu perseguidor:
"Seu Bezerra vá embora,
Tenho pena do senhor,
Se lhe pego com vontade
Você vai ver que horror".

Mas o tenente Bezerra
Respondia a Lampião:
"Um de nós tem que morrer
Morder a terra no chão,
Me parece que você
É quem morre no facão".

Num cerco bem dirigido
Lampião foi descoberto,
Mas quando a tropa volante
Já dele andava bem perto,
O bandido se sumiu,
Mostrando ser bicho esperto.

Lampião tinha uma amante
Era a Maria Bonita.
Nos combates se metia
E também fazia "fita",
Saltava nas capoeiras
Que parecia cabrita.

Essa mulher apanhava
Quando pedia perdão
Para algum prisioneiro
Do amásio Lampião,
Que podia tudo ter,
Só não tinha coração.

Tinha o tenente Bezerra
O seu grupo bem completo
Do mesmo fazendo parte
Bravo sargento Aniceto,
Bicho bom na pontaria,
Soldado mesmo correto.

Até que enfim, no sertão
Do estado de Maceió
Se trava luta tremenda
De sair faísca e pó,
De enfiar faca afiada
Na barriga e no gogó.

Lá na fazenda de Angicos
Chega o tenente Bezerra.
Experimenta a garrucha,
Examina se está perra,
Como quem sabe as surpresas
Dos armamentos de guerra.

Bezerra manda dizer
Para o Terror do Sertão:
"Prepara o couro, bandido,
Dos crimes pede perdão;
Hoje é teu último dia,
Assassino Lampião".

O bandoleiro, furioso,
Responde em cima da bucha:
"Bezerra velho prepara
O corpo para a garrucha:
O meu tiro é de verdade,
Não se perde nem a bucha".

O cerco então foi fechando
O grupo de Lampião.
Viu-se o sargento Aniceto
Pulando que nem um cão
E doido para acertar
A "pitomba" em Lampião.

Pipoca o fogo violento,
Só se vê grossa fumaça.
Bezerra grita valente:
"Eita, bicho, olha a desgraça!
Hoje salvo a minha vida
ou dou cabo da carcaça!"

Mas o sargento Aniceto
De repente se domina.
Vendo Maria Bonita
Grita com raiva canina:
"A mulher de Lampião
Tem cara de lamparina!"

Bezerra manda avançar
E fazer fogo à vontade.
Lampião do outro lado
Lhe resiste de verdade;
Era enorme no seu lado
A terrível mortandade.

Grita Maria Bonita,
Amante de Lampião:
"Meu amor, sustenta o fogo
Que esse Bezerra é o cão,
Mas eu luto até de faca
Se acabar a munição!"

Nesse instante o tiroteio
Acerta nessa mulher.
Ela susteve-se bem firme
Com toda força inda quer,
Mas, adeus mesa sortida,
Foi-se a farinha e a colher!

Lampião vendo a defunta
Lhe disse: "Agora é que foi.
Adeus, Maria Bonita,
Pede a Deus que te abençoe,
Que eu por mim já vejo a canga
Preparada para o boi".

Nisto, uma bala certeira
Atingiu o Lampião.
Ele corre ensangüentado,
Pondo a mão no coração,
Tropeça nos companheiros,
Já sem vida, pelo chão.

Bezerra vendo o bandido
Fez de novo a pontaria.
A bala rompe violenta
Como Bezerra queria
Alcançando Lampião
Que estremece de agonia.

Estava findo o combate,
Essa luta pavorosa.
O bando de Lampião
Já não contava mais prosa,
O sertão estava livre
Dessa gente perigosa.

Depois da luta tremenda
Entrou em cena o facão.
Foi decepada a cabeça
Do famoso Lampião
Para Bezerra provar
Que matara o valentão.

Foram também decepadas
As cabeças principais.
Os corpos foram enterrados
Sem merecer funerais,
E não sei como não foram
Comidos por animais.

Bezerra foi promovido
Mais o sargento Aniceto.
O chefe de Maceió
Tudo achou muito correto,
Angicos desde esse dia
Ficou de povo repleto.

Eis o relato perfeito
Da morte de Lampião.
Foi tirado direitinho
E sem nenhuma invenção,
Pois, meu leitor, eu não gosto
De contar carapetão.

Acabou-se, minha gente,
A fama do desordeiro;
Tranqüilizou-se a família
Do Nordeste brasileiro,
Contanto que não nos surja
Outro novo bandoleiro.

O GOLPE DO SEU GEGÊ OU O CHORO DOS DEPUTADOS

O Brasil ultimamente
Andava muito agitado:
Era boato pra burro
Surgindo de lado a lado,
Deixando o pobre cristão
Já quase desanimado.

No dia 3 de janeiro
Ia haver uma eleição.
Os partidos se empenhavam
Em grande competição,
Cada qual querendo dar
Superior votação.

Um candidato nortista
Era bastante estimado,
Outro nascido em São Paulo
Também era desejado,
Mas cada qual a puxar
A sardinha pra seu lado.

No Rio Grande do Sul
Flores da Cunha gritou.
Lá de Minas, Valadares
No mesmo som retrucou,
Pernambuco abriu a boca,
Mas Maceió se calou.

Na Bahia Juraci
Prometeu tomar partido
Por Zé Americo, então,
Se demonstrou decidido,
Esperançoso de ver
O barulho resolvido.

Muita gente na carreira
Começou a se alistar,
Para na tal eleição
O seu votinho arriscar,
Que eleitor que não votasse
Na cadeia ia parar.

Quem não votasse, na certa,
Tinha que ser processado.
A lei mandava o eleitor
Dar o seu voto calado,
Não podia era ficar
Na sua cama deitado.

Mas o Zé Povo, malandro,
Sempre o futuro prevê;
Na grande mão do destino
Sem lente mesmo ele lê,
E por isso propalava:
"Vai ficar é "seu" Gegê".

Mas o tempo se passava
Nesse mesmo ramerrão.
A propaganda era feita
Para a futura eleição,
Enquanto que "seu" Gegê
Não ditava opinião.

Armando Sales andava
Na campanha sempre alerta.
Nos seus discursos dizia
Que venceria na certa,
Entrava pelo Catete
Cuja porta estava aberta.

Zéamerico, por fim,
Desconfiou do terreiro.
Não quis seu nome escrever
Do tribunal no letreiro...
E também na propaganda
Não sacudiu seu dinheiro.

Quando menos se esperava
Flores da Cunha correu.
Abandonando o governo
Para longe escafedeu,
Enquanto Armando de Sales
Desapontado tremeu.

Para o fim, o "seu" Gegê
Já estava tiririca,
Mas usando de prudência
O tema velho ele explica:
"Vamos deixar como está
Que é para ver como fica."

O Zé Povo pela rua
Aguardava a hora H.
Uma canção perguntava:
"O tal homem quem será?
Será mesmo "seu" Manduca
Ou será o "seu" Vavá?"

No Pará, para a eleição
Havia ruma de flores.
Falaram de parte a parte
Uma porção de oradores;
Nesse dia votariam
Mais de cem mil eleitores.

Nas asas dum avião
Desce um dia lá de cima
Um deputado mineiro
Chamado Negrão de Lima,
Que do Norte velozmente
Em dois tempos se aproxima.

Em cada estado que chega
Ele conversa em segredo,
A muito governador
Deixando morto de medo,
Prometendo em quem falasse
De rijo tocar o dedo.

O recado era avisando
Esta verdade fatal:
O Brasil não suportava
A campanha eleitoral,
Que viria nos deixar
Perante a crise bem mal.

Seu Negrão nesse passeio
Demorou-se muito pouco,
Deixou metade do povo
Sem saber, comendo coco,
Voltando, para esperar,
Lá de bem longe, o pipoco.

Alguns jornais do Brasil
Começaram na "trancinha"
Dizendo pra "seu" Negrão:
"Quando tu ia eu já vinha;
Esse passeio, meu nego,
É porque tem boi na linha".

Até que a 10 de novembro
Do ano de trinta e sete
O presidente Getúlio
Dissolveu quase a bofete
A tal Câmara e o Senado
Virando tudo em confete.

Deputado havia "à beça"
Do nosso pobre Brasil
Sete deles no Pará
Praticaram um ato vil,
Aquela negra traição
Do dia 4 de abril.

Presunçosos de verdade
Ainda contavam bravata,
Mas mereciam talvez,
Era apanhar de chibata,
Pela traição cometida
No governo do Barata

Se existia deputado
Que presava seu mandato,
Também haviam daqueles
Que só jogando no mato,
Mais de três dedos abaixo
Do rabo sujo dum gato.

No Pará fazia pena
Ver-se a Câmara em sessão.
Só liberal se batia
No meio da discussão.
O resto todo ficava
Era de cara no chão.

O governo não podia
Livremente trabalhar,
Porque sete dissidentes
Andavam sempre a pular,
Prometendo a todo o tempo
O governo atrapalhar.

Uma vez, a "maresia"
Invadiu os arraiais.
Um bando de deputados
Não se conteve jamais;
Foi preciso a intervenção
Dos quatorze liberais.

Se não fosse aquele auxílio
Haveria confusão;
No Pará se repetia
O caso do Maranhão
Em que Aquiles Lisboa
Apanhou um trambolhão.

Eu conheci deputado
Que nunca honrou a casaca,
Antes de ter esse posto
Não valia uma caraca,
No bolso velho furado
Não possuía pataca.

Mas depois que se elevou
Pisava a gente com os pés,
Afrontando todo mundo,
Os dedos cheios de anéis,
Ganhando sem trabalhar,
Mais de três contos de réis.

Deputado eu conheci
Que não sabia falar,
Só sabia era o dinheiro
Do Tesouro arrecadar
Para depois, na avenida,
Impertinente, gastar.

Andavam cheios de luxo
Levando o rei na barriga
Pra meter medo ao governo
Sempre arranjando uma briga
Na gamela do Tesouro
Comendo que nem formiga.

Essa vida estava boa
Era só pra deputado,
Que vivia lordemente
Numa chupeta agarrado,
Sem coisa alguma fazer,
Ganhando bom ordenado.

Era uma "sopa" o mandato
Dessa gente comilona,
Que fazia, ameaçava,
Prometia dar tapona,
Rindo do povo à vontade,
Como quem toca sanfona.

Nunca se viu coisa assim,
Verdadeira safadeza,
No Brasil um deputado
Era quem tinha grandeza;
A fartura quando vinha
Era só pra sua mesa.

Nos municípios, então,
Tinha os tais vereadores,
Um bando de periquitos
Gritalhões e comedores,
Politiqueiros de marca,
Verdadeiros "cavadores".

Quando o prefeito queria
Alguma coisa fazer,
Esses tais vereadores
Pensavam logo em "morder"
Arranjando um embaraço
Para a coisa distorcer.

Prometiam dar pancada
E ao prefeito processar;
As contas das prefeituras
Nunca queriam aprovar,
Pelo gostinho somente
De tudo mais estragar.

Essa negrada vivia
Achando graça de tudo,
Enquanto o povo, coitado,
Olhava por um canudo,
Vendo em cada deputado
Um cabra muito orelhudo.

Eles pensavam que a coisa
Nunca mais se acabaria;
Julgavam até que o mandato
Na certa prosseguiria...
Nos olhos deles a gente
Essa vontade já via.

O caso, então, do Pará
Só a coice de coronha
Disse um jornal de São Paulo
Nos mostrando a sua ronha:
"O Pará é paraíso
De sujeito sem vergonha".

Major Barata caiu
Sorvendo a taça de fel,
Mas voltou de fronte limpa
Para a vida do quartel,
Sendo depois promovido
A tenente-coronel.

Aqueles que lhe passaram
Inesperada rasteira,
Ficaram rindo na rua
Daquela mesma maneira,
Pensando com seus botões
Que castigo era besteira.

E passavam pela gente
Mostrando muito rompante,
Publicamente exibindo
O focinho de elefante,
Bancando o trunfo na vida,
Cada qual o mais chibante.

Estavam mesmo pensando
Que ficavam sempre assim,
Gozando a vida à vontade
Depois dum ato ruim;
Que a função de deputado
Seguiria até o fim.

Porém no 10 de novembro
O "seu" Gegê deu o traço,
Pegou toda essa negrada
E fez virar em bagaço,
Deixando o tal de Congresso
Que nem calção de palhaço.

Depois do estado de sítio
Lá vem o estado de guerra;
Novo regime depois
Sobre o Brasil se descerra,
E deputado não vale
Aquilo que o gato enterra.

"Seu" Gegê pegou a tropa
Dizendo: "Não tem café".
Encangou toda a negrada
E sacudiu na maré
Depois de tê-la corrido
A peso de pontapé.

Deputado, se quiser,
Agora vai trabalhar.
Tem que pegar no pesado
Para o sustento cavar,
Não é mais como no tempo
Que vivia a vadiar.

Foi-se a "sopa" dos três contos
Para sentar na Assembléia
Principalmente pra muitos
Que nunca tiveram idéia
De ver na mesa de casa
Sobremesa de geléia.

Acabou-se a pretensão
Dos sete "cascas de manga".
Eu bem que disse que havia
De um dia vê-los de tanga,
Caminhando para a rua
Tal e qual um boi de canga.

Deputado no Brasil
A gente via era à ufa,
Mas, hoje em dia, essa gente
A peitorra já não tufa,
Perdeu de todo o prestígio,
Não vale mais uma bufa.

Essa gente presunçosa
Agora não vale nada,
Andava muito lampeira,
De cabeça levantada,
Mas "seu" Gegê pôs abaixo
Só duma simples penada.

Vão agora, seus malandros,
Trair de novo o Barata.
Vão comprar chapéus de Chile
E botar broche em gravata.
Vocês agora, no duro,
Vão mesmo plantar batata.

O povo achou foi bonito
Esse formidável tombo,
A paulada que vocês
Apanharam bem no lombo
Levando também na bolsa
Um "gostosíssimo" rombo.

Acabou-se o falatório
Novo regime surgiu.
Eu quero ver deputado
Regressar de onde saiu,
Tomando benção a cachorro,
Chamando gato meu tio.

Quero ver essa tropilha
Pegando na picareta;
Cavando pedra na rua,
Limpando lixo em sarjeta,
Sentindo o peso da vida
É no cabo da marreta.

De ex-deputado preciso
Para dar colocação:
Vestir ceroula em macaco,
Pôr suspensório em cação,
Fazer colete pra burro,
Pegar mutuca de arpão.

Dou casa, mesa e comida,
De manhã café com pão;
Pra senador federal
Eu dou melhor refeição,
Penalizado de ver
Essa negrada na mão.

Quero somente depois
O "seu" Gegê imitar:
Toda essa gente distinta
Numa cangalha juntar,
Sentar-lhe o pé nos fundilhos
E pra bem longe mandar!

Esse relato é fiel
Do que tudo aconteceu.
Minha pena sem mentir
Aqui tudo descreveu,
Nada de mais inventei
Do que, de fato, ocorreu.

Quem não gostar, me desculpe,
Embora não queira bem.
Eu falo assim é bufando
Que nem caldeira de trem,
Mas no fundo da minh'alma
Não tenho raiva em ninguém.

PELEJA DE ARMANDO SALES E ZÉ AMÉRICO

O presidente Getúlio
Fez um samba no Catete
E apareceu sorridente,
Mão no bolso e de colete,
Enquanto fora se ouvia
De vez em quando um foguete.

Nessa festa se falava
Numa tal de sucessão,
No futuro presidente
Da nossa grande nação,
Que virá com seu programa
Tomar parte na eleição.

No terreiro do Catete
"Seu" Gegê punha e dispunha.
Havia gente espremida
Que nem piolho na unha,
Além do bloco afamado
Do bamba Flores da Cunha.

Veio o Macedo Soares,
Barriga cheia de banha;
Antônio Carlos, também,
Pisando sempre com manha;
Benedito Valadares,
Mangabeira e Osvaldo Aranha.

Representando com garbo
O Partido Liberal
Entrou Magalhães Barata,
No seu porte marcial,
Recebendo nesse instante
Aclamação colossal.

E um camarada pergunta:
"Oh! Valadares, vem cá,
Quem é esse militar
Como igual outro não há?"
E o Valadares responde:
"Esse é o trunfo do Pará!"

Um bando alegre tocava
O samba "Verde e amarelo".
Muitos dançavam pulando
Que nem pintinho em farelo,
E, de batina, sambava
O padre Olímpio de Melo.

Só quem não foi nesse samba,
Apesar de deslumbrante,
Com receio de ser preso
Por ter bancado o chibante,
Foi o nortista temido
O "seu" Lima Cavalcante.

O Juraci Magalhães
Também não foi no "brinquedo".
Correu, por isso, o boato
De que ele estava com medo,
Mas Juraci declarou
Que pra dançar era cedo.

Mas o número melhor
Dessa festa no Catete
Ia ser um desafio
Em que tinisse o cacete,
Do qual quem fosse vencido
Virava mesmo sorvete.

Dois cantadores de fama
Iam medir resistência,
Armando Sales, paulista,
Cantador de consistência,
Zé Americo, nortista,
Campeão na persistência.

Armando Sales chegou
Alvoroçando o Catete.
Cumprimentou toda gente
E sentou num tamborete,
Guardando embaixo do mesmo
Um formidável porrete.

Chegou, depois, Zé Americo,
Cabeçudinho e baixote.
Sentou num banco, defronte,
Pondo de lado o chicote,
Com seus óculos brilhando
Que nem um bruto holofote.

Em volta dos cantadores
Reuniu-se toda gente,
Pois daquele desafio
Sairia o presidente,
Venceria o que tivesse
O peito mais resistente.

Armando Sales cuspiu,
Temperou sua viola,
Fez um risinho engraçado
Como quem diz: "Não me amola",
Esgravatando as idéias
Lá no fundo da cachola.

Seu Getúlio, descansado,
Por ser o dono da casa,
Para enganar os convivas
O relógio velho atrasa
E vai soltar busca-pé
Queimando o bicho na brasa.

Zé Américo suspira
Enchendo o peito de alento,
Toma, depois... "bagaceira"
Para ajudar seu talento
E se bater com vontade
Sem sossegar um momento.

Armando Sales, então
Para dizer que tem fé,
Faz um cigarro de palha,
Toma depois um café,
Demonstrando para todos
Um paulista como é.

Armando Sales:
Quando eu pego um desafio
Não quero mais acabar;
Seguro o cabra com raiva,
Obrigo o bicho a chorar,
Nem que ele seja nortista,
Que não sabe vadiar.

Zé Americo:
Eu vendo muita bravata
Reconheço que é lambança.
Não tenho medo da luta,
Porque sou de confiança,
O meu sangue só se aquenta
Quando me meto na dança.

A. S.
Já peguei um cantador
Que tal coisa não supunha,
Virei-lhe a capa dos olhos
E depois meti-lhe a unha
Mandando os bagos redondos
Ao nosso Flores da Cunha.

Z. A.
Numa peleja sou baita,
Em qualquer muro me esfrego,
Em pau que tenha cupim
Não meto estopa nem prego,
E quando ingresso na luta
Dificilmente me entrego.

A. S.
Eu não sou de brincadeira,
Tão pouco de fantasia
E quando estou de veneta
Não temo nem minha tia,
Passo a mão no meu cacete,
Todo mundo se arrepia.

Z. A.
Quando eu vejo um malcriado
Dou-lhe até de cocorote,
Seguro o cabra com jeito,
Meto a cabeça num pote,
Depois lhe dou nos fundilhos
Uma surra de chicote.

A. S.
Não sou menino amarelo
Que tem tosse de guariba
Nem matuto que se lava
Com sabão de copaíba,
Não sou bicho flagelado
Do sertão da Paraíba.

Z. A.
Você me vê pequenino,
Mas eu sou cabra travesso;
De reumatismo nas juntas
Felizmente não padeço,
Quando eu pego um paulistano
Eu viro logo do avesso.

A. S.
Quando eu começo a cantar
Do vermelho faço azul,
Faço pedra amolecer,
Brotar jardim num paul,
Se não chegar minha força
Vem o Rio Grande do Sul.

Z. A.
Já lhe disse, "seu" Armando
Que na peleja sou forte,
Não temo cara zangada,
Não me amedronto da morte,
Eu dando um grito na serra
Comparece todo o Norte.

A. S.
Não tenho medo de ti
Quanto mais doutros valores,
Para a luta da eleição
Não preciso de favores,
Pois só da gente de casa
Tenho um milhão de eleitores.

Z. A.
Deixa de muita farofa
Recolhe teu berimbau.
Eu não sei em que te fias,
Meu nariz de barucau.
O teu padrinho de crisma
Era o "seu" Vicente Rao.

A. S.
Eu nunca tive padrinho,
É mentira de você.
Se tivesse escolheria
Era aqui o "seu" Gegê,
Mas a minha proteção
Felizmente ninguém vê.

Z. A.
Eu nasci lá na Paraíba
Terra de cabra vaqueiro,
Depois cresci, vim pra cá,
E em 30 fiz um "banzeiro",
Fui ministro de verdade,
Não me troquei por dinheiro.

A. S.
Eu nasci lá em São Paulo
Terra do bom algodão,
Do café que o Brasil
Manda até para o Japão;
Eu sou filho dum estado
Que não teme valentão.

Z. A.
Tu podes tudo fazer
Mas eu te lavro a sentença,
Podes ter muito eleitor
Como certa gente pensa,
Mas minha tropa pesada
Vai tirar a diferença.

A. S.
Um cantador como tu
Desmerece a minha fé,
Anda sempre se queixando
Com pulga e bicho-de-pé,
É melhor que dê o fora,
Vá se lavar na maré.

Z. A.
Se tu começa a insultar
Meu Armandinho gabola,
Eu te quebro na cabeça
O fundo desta viola,
Tiro fogo, tiro estrela
Da tua bruta cachola.

A. S.
Eu sou comprido demais
Sou de elevada estatura.
Tu não me bates, menino,
Deixa dessa boca dura...
Para dar-me na cabeça
Falta-te muito na altura.

Z. A.
Isso agora de tamanho
Na minha missa não vai...
Quando eu era pequenino
Já me dizia meu pai:
"Quanto maior é o pau
Mais estronda quando cai".

A. S.
Vamos ver nesta peleja
Quem abandona o terreiro.
Eu garanto de cantar
Nem que seja o ano inteiro,
Nem que seja lá por cima
Se despencando um pampeiro.

Z. A.
Estás fingindo vigor
Mas já tens seca a garganta.
Agora que comecei
Que minha voz se levanta,
E um cantador como tu
Na minha mesa não janta.

A. S.
Eu não posso esmorecer
Nesta feroz hora H;
Se eu voltar arrependido
Banco na vida o gambá
E muita gente, zangada,
Vem, com certeza, me dá.

Z. A.
Tempero a minha viola
Com vontade do brinquedo;
Vou pra frente saltitando
Bem na pontinha do dedo,
Para mostrar que não vivo
Me amofinando de medo.

A. S.
Eu também sou bicho bamba
Sou duro no meu terreiro,
Não tenho medo de encrenca
Sou político matreiro,
Sou capaz de desarmar
O general Góis Monteiro.

Z. A.
Quando eu vim pra convenção
Foi com gana de brigar;
Ou me fazem presidente
Ou o tempo vai fechar;
Passo a mão no cravinote,
Faço a negrada dançar.

A. S.
Estás com muita vontade
De ingressar na brincadeira;
Os olhos fitos tu tens
Na miragem feiticeira,
Mas vamos ver se o Gegê
Deixa mesmo a tal cadeira.

Z. A.
Estás fugindo da luta,
Fazendo insinuação,
Só porque já tens certeza
De perder na votação,
No resultado final
Dessa renhida eleição.

A. S.
Haja agora o que houver
O jeito mesmo é lutar,
Pois quando entrei na peleja
Prometi não fraquejar,
Eu não sou peru de roda
Que o papo vive a tufar.

Z. A.
Eu fico tiriricando
Quando vejo um valentão;
Deixa de tanta folia
Que eu não quero falação;
Quando eu te vejo gritando
Digo: "Sossega, leão!"

A. S.
Tu só falas com rompante
Fazendo muita careta,
Dizes o verso ligeiro
E o que te dá na veneta;
Só tens mais força no dedo
Porque tocas de palheta.

Z. A.
Estou vendo que não podes
Sustentar o desafio,
Do teu jeito, camarada,
Eu bem que já desconfio,
Tens a garganta rouquenha,
Tens o semblante sombrio.

A. S.
Vai ficando muito tarde
E eu não posso demorar.
Minha gente, me desculpe,
Tenho que me levantar,
Nesta peleja medonha
Acabo por me entregar.

Z. A.
Vais fugindo com receio
É duma grande derrota;
Começaste a valentona,
Contando tanta lorota,
Mas já vejo o povo em volta
Fazendo muita chacota.

Inda tenho resistência
Para cantar à vontade,
Este toque da viola
Sou cantor de qualidade,
Chamo vinte, chamo trinta,
Todo o povo da cidade.

Quando eu vim pra convenção
Foi preparado pra luta;
Você não fique pensando
Que a presidência disputa,
Porque, no fim, você leva
É com pau na cocuruta.

Nesse pé, toda a assistência
Fica mesmo tiririca
Porque chega seu Gegê
E para os homens explica:
"Vamos deixar como está
Para ver como é que fica".

TÍTULOS PUBLICADOS

1. Patativa do Assaré
2. Cuíca de Santo Amaro
3. Manoel Caboclo
4. Rodolfo Coelho Cavalcante
5. Zé Vicente
6. João Martin de Athayde
7. Minelvino Francisco Silva
8. Expedito Sebastião da Silva
9. Severino José
10. Oliveira de Panelas
11. Zé Saldanha
12. Neco Martins
13. Raimundo Santa Helena
14. Téo Azevedo
15. Paulo Nunes Batista
16. Zé Melancia
17. Klévisson Viana
18. Rouxinol do Rinaré
19. J. Borges
20. Franklin Maxado
21. José Soares
22. Francisco das Chagas Batista

Edição	Jorge Sallum
Co-edição	Bruno Costa
Capa e projeto gráfico	Júlio Dui e Renan Costa Lima
Programação em LaTeX	Marcelo Freitas
Assistente editorial	Janaína Navarro
Colofão	Adverte-se aos curiosos que se imprimiu esta obra nas oficinas da gráfica Bandeirantes em 28 de maio de 2010, em papel off-set 90 gramas, composta em tipologia Walbaum Monotype de corpo oito a treze e Courier de corpo sete, em plataforma Linux (Gentoo, Ubuntu), com os softwares livres LaTeX, DeTeX, VIM, Evince, Pdftk, Aspell, SVN e TRAC.